Couverture inférieure manquante

EUGÈNE GALLOIS

UNE CROISIÈRE

DANS

LE LEVANT

~~~~~~~~

Aux villes disparues de l'Asie-Mineure

~~~~~~~~

IMPRIMERIE
DE LA " VÉRITÉ FRANÇAISE "
2, rue de Fleurus, 2
PARIS (VIᵉ ARRT)

1903

EUGÈNE GALLOIS

UNE CROISIÈRE

DANS

LE LEVANT

~~~~~~~~~

Aux villes disparues de l'Asie-Mineure

~~~~~~~~~

IMPRIMERIE

DE LA " VÉRITÉ FRANÇAISE "

2, rue de Fleurus, 2

PARIS (VIᵉ ARRT)

—

1903

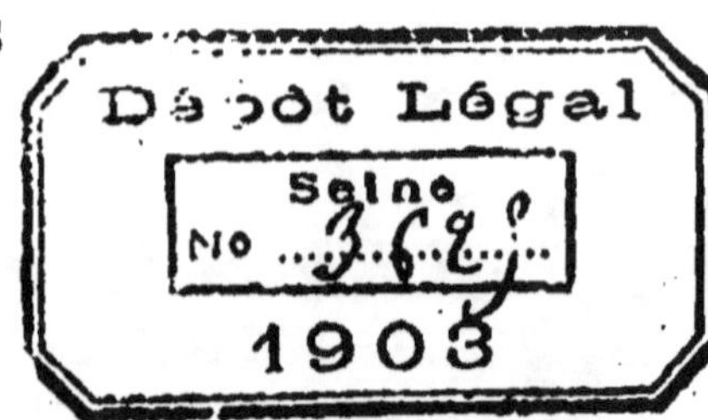

UNE CROISIÈRE DANS LE LEVANT

Aux villes disparues d'Asie-Mineure

On sait avec quel puissant intérêt les fouilles et les recherches se sont poursuivies depuis bientôt un siècle dans les régions où fleurirent jadis les arts aux époques lointaines que nous ont dépeintes les plus célèbres auteurs de l'antiquité classique. C'est dans cette partie de la Méditerranée qui a nom mer Egée qu'à chaque pas l'on retrouve des traces de cette civilisation où l'art atteignit si haut ; c'est aussi sur ce coin avancé du continent asiatique que se déroulèrent les événements décrits par les historiens devenus classiques. Il était là des cités dont les noms sont populaires, comme : Troie, Ephèse, Pergame, et autres.

Et on a voulu fouiller cette terre antique pour lui arracher ses secrets, on a cherché à reconstituer ces époques disparues ; c'est alors que des savants, des chercheurs, de diverses nationalités, se sont mis à l'œuvre, de leur initiative personnelle, livrés à eux-mêmes ou aidés par leur gouvernement respectif. Puis bientôt

DEBUT DE PAGINATION

le monde apprit que leurs efforts avaient été plus ou moins couronnés de succès, des traces de cité, des ruines de monuments étaient mises à jour, et on extrayait du sol des richesses artistiques de toutes sortes, statues, bas-reliefs, vases, médailles, objets d'art les plus variés, qui allaient garnir les grands musées de l'Europe moderne.

C'est dans cette région si intéressante à tous égards que notre désir de voir et d'apprendre vient de nous entraîner, en nombreuse et aimable société, à bord d'un confortable paquebot-yacht portant le joli nom d'*Ile-de-France*.

Notre point de départ devait être Marseille, mais un cas malencontreux de peste nous obligea, par mesure de prudence et pour éviter soi-disant tous ennuis postérieurs, d'aller embarquer à Toulon, où s'était rendu notre bateau. Aussi, après un embarquement quelque peu mouvementé et précipité, pour la plupart d'entre nous, quittions-nous, le soleil bien couché, la belle rade où stationnaient à l'ancre ces mastodontes modernes, sortes de forts cuirassés flottants, échantillons de la construction maritime de nos jours qui font grand honneur, parait-il, à nos ingénieurs, mais sont en général aussi disgracieux qu'imposants.

Le vent soufflant fort, la mer nous

poussait vers la Corse, dont les montagnes apparaissaient au jour, et dans le milieu de la journée nous passions les Bouches de Bonifacio, saluant au passage les roches des Lavezzi, tristement célèbres, comme on le sait, par le naufrage de *la Sémillante*... Mais c'est là choses déjà vues pour beaucoup de ceux qu'intéressent les voyages et choses que pour ma part j'ai décrites plus d'une fois en des articles ou volumes; nous suivions, en effet, la grande route méditerranéenne parcourue par tous les Longs Courriers; aussi nous passerons rapidement.

Et pendant ce temps de navigation nous pourrons faire plus ample connaissance avec notre hôtel flottant et compléter notre installation particulière.

Long de plus de cent dix mètres avec sa coque blanche surmontée de ses deux mâts et de sa cheminée aux couleurs de la Compagnie de navigation propriétaire (la Compagnie des T. M. de Marseille) notre steamer avait assez belle allure. Sa machine, de force plutôt modeste, ne peut lui imprimer qu'une vitesse d'une douzaine de nœuds à l'heure, allure de promenade, et sa stabilité est assurée par sept cents tonnes de lest fixe à défaut de marchandises qu'il n'est plus appelé à recevoir, l'intérieur de ce paquebot ayant été complètement modifié pour une installation spéciale de passagers, à classe unique et dont le nombre peut dépasser deux cents.

Les cabines, spacieuses, sont installées particulièrement, de façon à donner plus de commodités qu'on en trouve d'ordinaire dans les navires, mais malgré cela l'aménagement pèche encore en plus d'un détail, aussi bien au point de vue privé qu'au point de vue public. On nous a promis, il est vrai, que, dans l'avenir, l'installation serait irréprochable. Une belle salle à manger s'étend, vers l'avant, sur le pont, tandis que l'on trouve salon et fumoir vers l'arrière. Un deck-promenade couvre le tout. De fortes et insubmersibles embarcations ainsi qu'une chaloupe à pétrole garnissent les porte-manteaux. Tout en un mot semblait plaider en faveur de cette maison aquatique : malheureusement, à l'user, nous devions voir qu'elle laissait encore fort à désirer, surtout sous le rapport de la cuisine.

Mais, favorisée par le beau temps, *Ile-de-France* avait marché... Les iles Lipari, avec la pyramide volcanique du Stromboli, étaient dépassées. La côte de Calabre et la Sicile apparaissaient ensemble, bientôt la terre était à l'avant sur tribord et bâbord à la fois. La pointe du Faro contournée, le rocher de Scylla restait derrière, et nous défilions devant Messine, puis peu après devant Reggio. Des nuages amoncelés nous cachaient le géant Etna.

On inaugura alors la série de conférences aussi savantes qu'instructives que devait nous donner le doyen de la faculté des lettres de Bordeaux, qui comptait au nombre des passagers.

L'Adriatique était traversée et le navire atteignait la Crète après être passé au sud de la joyeuse Cythère, et l'on avait dansé ce soir-là à bord. Voilà ce que nous donne le carnet de route que nombre de touristes m'ont semblé tenir scrupuleusement, voulant garder un souvenir durable de leur voyage en désirant communiquer leurs impressions à la famille et aux amis, sentiment très louable.

Pendant quelques heures nous devions longer la façade nord de cette grande île de Candie qui a tant fait parler d'elle ces dernières années. Elle apparaît montagneuse, d'aspect quelque peu dénudé avec ses pentes aux tons fauves que tachent en sombre les parties couvertes de forêts rabougries.

Des falaises plus ou moins escarpées forment souvent socle à ces hauteurs que dominent de véritables sommets comme le mont Ida. C'est la Canée, on se le rappelle, la capitale de l'île et le port où stationne encore la flotte internationale. On a omis de nous y faire stopper, et notre navire est pour mouiller devant Candie, ville gréco-turque pittoresque avec ses rues aux maisons souvent ruinées, avec ses places dont plusieurs garnies de fontaines, non sans intérêt artistique parfois, et avec ses bazars animés aux étalages originaux, aux échoppes curieuses. C'est là que s'est effectué, et dans de bonnes conditions, notre débarquement à l'aide d'embarcations indigènes. Très pittoresque, lui aussi ce petit fort fortifié avec sa minuscule citadelle portant encore la marque du fabricant, le lion ailé de Venise, sculpté dans la pierre des remparts.

Le peuple, avec une curiosité bien légitime, accueillait ces touristes français qui se répandaient bientôt par la ville, avides de nouveau. La « couleur locale » n'a pas encore disparu et dans le cadre original s'agitaient gens et bêtes, hommes n'ayant emprunté que peu au vêtement européen en général et pour la plupart en costume national, grec surtout. Les Grecs, en effet, semblent avoir supplanté les Turcs et nous allons les trouver, du reste, en grand nombre, en Asie-Mineure. La visite du musée nous avait été recommandée, et à juste titre, car il renferme une série d'objets intéressants provenant des fouilles exécutées dans l'île et poursuivies surtout en ces dernières années. Sans vouloir rédiger un catalogue même fort sommaire, il me semble difficile de ne pas citer quelques pièces à cause de leur valeur archéologique et quelquefois même artistique.

Des peintures à fresques ainsi que des mosaïques et des statuettes témoignent du niveau de l'art à ces époques reculées, remontant à plus de mille ans avant Jésus-Christ. Il est là des figures, profil original de femme avec un œil démesuré, scène d'un homme franchissant un taureau, femmes exécutant des danses fantaisistes, et autres, qui attirent l'attention. Figurines et bijoux en or sont autant de pièces précieuses, mais appartenant surtout à l'époque romaine. Enfin il est des sarcophages en plus ou moins bon état de conservation et des jarres, sans parler de tous les vases ou débris de vases et verreries qui garnissent plusieurs vitrines.

En un pittoresque désordre, chevaux, mulets, ânes, aux plus ou moins bizarres harnachements, nous attendaient, tenus en laisse par leurs propriétaires et raccolés à l'avance. Chacun de choisir sa monture et de se hisser parfois plus ou moins péniblement dessus, et alors commença un interminable défilé sur la poussiéreuse route, longue de quelques kilomètres, qui devait nous mener aux ruines de Knossos. Le long du chemin nous croisions cavaliers et chameaux, tandis que des enfants nous apportaient du raisin grapillé dans les vignes du voisinage.

Dans une sorte de ravin descendant à la mer on voit à l'heure présente, débarassés de la terre qui les recouvrait, les restes de ce qui fût le palais du roi Minos (seizième siècle avant notre ère). Surgissant de quelques pieds du sol, ce sont d'abord des pièces alignées, plus ou moins garnies de grandes amphores à dessins, magasins d'approvisionnements, puis une suite, un plan irrégulier, de cours et de pièces figurant les diverses parties du palais ; à certaines on attribue des destinations particulières, comme celle réservée aux femmes, parait-il.

Il est aussi des escaliers, car tout n'était pas du même niveau et même certaines constructions devaient avoir deux étages. En quelques endroits, on a dû étayer, consolider. Mais l'intérêt se porte surtout sur la petite salle où se dresse la chaise à haut dossier dite trône du roi, l'assise en est creusée... comme une empreinte ! Une grande place existait, encore visible ; enfin nombreux sont les vestiges de canalisations et sortes d'égouts.

Le soleil à son coucher empourprait l'horizon que nous avions réintégré le bord et que l'hélice nous poussait vers l'Asie-Mineure. De nuit et à l'aurore, nous naviguions au milieu d'îles et de rochers pour accoster la terre dans la vaste baie de Kos.

Dans cette première escale on se rapprochait, on prenait en quelque sorte contact les uns avec les autres, car il ne pouvait à bord que se produire ce qui a lieu fatalement dans tout groupement de quelque importance, à savoir : des réunions, petites sociétés privées, sortes de clans parfois où on se groupe par amitié ou par simple relation mondaine, ou encore par sympathie, sans parler des milieux sociaux, les uns plus ou moins ouverts, les autres plus ou moins fermés ; mais qu'importe ; l'essentiel est qu'on vive en bonne intelligence et c'est ce qui se passa au cours du voyage malgré quelques symptômes d'irascibilité à mettre sur le compte de l'excitation nerveuse produite par le voyage lui-même et quelques ennuis accidentels. Pour ma part je n'ai eu qu'à me louer de m'être retrouvé avec des amis, d'anciens compagnons de voyage, et j'ai eu le bénéfice d'être entré en relations avec d'aimables personnes que je serai heureux de retrouver à l'occasion, qu'elles soient étrangères aussi bien que compatriotes.

Au matin, nous nous présentions donc devant Boudroum, une petite ville aux blanches maisons alignées au bord de la mer, en cercle, au pied de montagnes. En avant sur un rocher se dresse éblouissant de blancheur le château-fort aux tours crénelées de Saint-Pierre, œuvre des chevaliers de Rhodes. Il aurait été construit vers 1400 en partie, prétend-on, avec des matériaux enlevés au fameux tombeau-temple pyramidal du satrape Mausole, d'où l'on a fait le mot français de mausolée, car Boudroum s'élève sur l'emplacement de l'ancienne Halicarnasse, fondée par des Cariens venus de Crête et qui aurait atteint l'apogée de sa splendeur sous le satrape auquel sa sœur et femme Artémise résolut d'élever un monument commémoratif le plus imposant possible. A cet effet elle aurait appelé à elle les plus célèbres artistes du temps comme le statuaire Scopas et autres, et c'est ainsi que serait sorti de leurs mains cet édifice unique, aux vastes proportions et aux riches bas-reliefs, dont on a pu reconstituer l'image. Muni d'une colonnade extérieure placée au-dessus d'un haut socle, il se terminait par une sorte de pyramide, couronnée d'un quadrige. Les seuls restes intéressants qu'on en a retrouvés consistent en portions de frises que les Anglais ont naturellement transportées à Londres. Il est encore à Halicarnasse des traces de murs et théâtre grecs du troisième siècle avant Jésus-Christ.

Notre escale à Boudroum devait être brève, car les autorités ottomanes avaient pris des mesures pour ne point nous laisser débarquer par mesure sanitaire, comme étant de provenance marseillaise, et force nous fut de nous résigner et d'aller porter ailleurs nos pas.

Reprenant la mer, *Ile de France* s'engageait entre la longue île de Kos, laissant sur babord une suite d'îles comme Kalymnos, Léros, Patmos et enfin la fameuse Samos au vin réputé, laissant sur tribord une côte découpée qui forme plus haut la belle baie de Smyrne, où nous étions au matin après avoir doublé l'île de Chio, de nuit malheureusement. Nous n'avions toujours pas perdu les délicieux moments du soleil couchant où les colorations variées faisant contraste avec les teintes bleutées du jour nous arrachaient des cris d'admiration. On ne m'en voudra pas de ne pas me perdre en d'oiseuses descriptions de couleurs qui, même sous les plumes les plus autorisées, ne peuvent donner qu'une bien faible idée des beaux spectacles de la nature.

Les premières lueurs de l'aurore nous révélaient le cadre imposant de la rade du grand port du Levant et arrachaient la ville encore endormie aux ombres de la nuit. Elle nous apparaissait dans la pénombre, dominée par les ruines pittoresques de son antique citadelle du Mont-Pagus, puis peu à peu elle prenait forme, ses maisons se distinguaient, des dômes, des minarets les dépassaient L'animation commençait sur le quai long de près d'une lieue. Dans le port, qui allait nous être interdit, des coques de bateaux s'alignaient, des mâts fourmillaient...

Propos échangés, télégrammes envoyés, réclamations, protestations, rien n'y faisait en effet, et il nous fallait nous résigner à aller mouiller devant le lazaret, près de l'entrée du golfe dans la baie de Clazomènes à quelques huit lieues de la ville qui se montrait encore dans l'éloignement. On nous avait, il est vrai, pourvu d'eau douce; maigre consolation ! On a pu aussi avoir sa correspondance et en expédier, et un lot de cartes postales du lieu envoyées à bord ont vite été partagées entre les soi-disant pestiférés. Ce qu'on devait en acheter de ces cartes postales illustrées... c'est inimaginable; et malgré cependant les souvenirs photographiques qui devaient s'accumuler par milliers, tout le monde étant plus au moins photographe à bord, à tel point, pour certains, que cela semblait être chez eux une douce

manie, à moins que ce ne fût un mal nouveau. Il s'en révèle tant de ces sortes de
maladies curieuses à notre époque de sur-
menage, de surchauffement ! Bref nous
étions bel et bien en quarantaine. Il est
vrai qu'elle ne devait durer que cinq
jours et devait se réduire à quelques mesures de soi-disant désinfection sur une
partie du personnel et sur du linge ayant
servi. Dans l'envoi à terre de ce dernier
figura un certain panier dont le fond
était garni de comestibles et liquides
probablement fort bien appréciés par les
préposés sanitaires, qui n'ont pas craint
la contamination. Ce n'était pas la première fois pour ma part que je devais
passer par les désagréments occasionnés
par les sages mesures sanitaires préser-
vatrices du mal, ou qui sont sensées l'être,
mesures illusoires, on me permettra d'a-
jouter, et dont l'efficacité est si douteuse
qu'elles sont employées en certains cas
uniquement pour donner satisfaction à
l'opinion publique, comme le disait un
médecin dont le nom importe peu.

Il fallait donc tuer cinq journées ; j'a-
jouterai que ce ne fut pas difficile, et personnellement j'ai considéré cette quarantaine comme une petite cure de repos.
Néanmoins, on voulut se distraire et chacun s'ingénia de son mieux à prêter son
concours gracieux selon son talent ou ses

aptitudes. Fêtes variées furent organisées tant dans la journée que la soirée et, joignant l'utile à l'agréable, je me permis de faire une causerie sur mon récent voyage à nos colonies d'Afrique, projetant des vues par moi prises en cours de route (je profitais de l'occasion pour poursuivre mon œuvre de vulgarisation coloniale). Un piano avait été amené de Smyrne ainsi que des etoffes destinées à préparer décors et costumes pour une Revue qui se transforma en une saynète due à la plume experte d'un de nos bons compagnons, saynète dont nous eûmes la primeur dans le trajet de retour.

Mais je n'ai que trop parlé déjà de la quarantaine et de ses accessoires ; que le lecteur me pardonne.

Enfin nous étions à Smyrne, non pas à quai, oh! non, nous étions encore suspects mais mouillés en face de l'entrée du port avec lequel nous reliait une chaloupe à vapeur faisant la navette.

Je vous laisse à penser quelle etait notre impatience de fouler le « plancher des vaches ». On nous permit de visiter rapidement la ville à notre guise et de courir à travers les pittoresques bazars où grouille une populace curieuse aux costumes variés. Dans des ruelles mal pavées, plus sales que propres en général, c'est une suite d'échoppes, de petites boutiques,

de minuscules restaurants où l'on débite
boissons et mets bizarres dont l'odeur
n'est pas toujours alléchante; des marchands de fez, la calotte rouge nationale
que l'on connaît, nous sollicitent. On cou-
doie Grecs, Arméniens, Turcs, et autres
gens même, car Smyrne est une cité cos-
mopolite et les nègres s'y rencontrent.

Se faufilant parmi les passants, c'est
l'aguador, le marchand d'eau, à la fontaine de cuivre ou au plus modeste réci-
pient de verre; la foule s'écarte un peu
pour laisser passer quelque âne porteur,
quelque voiture ou charriot aux roues
grinçantes; on s'efface, on se range sur
le côté à l'arrivée de ces caravanes de
chameaux conduites par un petit âne sur
lequel trône le conducteur nonchalant...,
mais je n'en finirais pas et c'est là du
reste un spectacle que connaissent tous
ceux qui ont quelque peu fréquenté les
pays d'Orient. J'ajouterai que les toiles
tendues à travers la rue, les treilles de vigne courant d'un toit à l'autre et
au travers desquelles se montre le ciel
bleu, ajoutent au charme pittoresque du
cadre, sans avoir le côté mystérieux parfois des sombres voûtes de certains bazars, comme il en est dans la plupart des
villes musulmanes.

Rien à dire des monuments publics de
la grande ville dont la fondation remonte

à environ trois siècles avant notre ère et serait due à Lysimaque, si ce n'est que certaines d'entre eux ont vu utiliser à leur profit des matériaux d'origine grecque puis romaine. La ville aux rues étroites, garnies de maisons privées à un ou deux étages au plus, s'étend vaste avec ses 225,000 habitants. Sur les quais, tout garnis en bonne partie de cafés, restaurants, hôtels, théâtres en plein vent où on joue même le grand opéra, et au long duquel circule un tramway à un cheval, se porte de préférence le public avide de distractions. Du côté du port ce sont des bureaux, magasins, docks, hangars, marchés, car important est le commerce où les Grecs tiennent une large place.

Des piles de caisses de figues s'amoncellent prêtes à disparaître dans les flancs des navires, des sacs s'élèvent en tas, ainsi que des courges et pastèques aux chaudes couleurs. Les porteurs l'échine courbée passent et repassent, véritables machines humaines.

La population s'est répartie en différents quartiers, suivant les races et les religions, et chacun y semble chez soi ; mais en général ils ne pêchent guère par esprit de propreté ; le pittoresque, il est vrai, ne fait qu'y gagner aux yeux de l'étranger.

« Mais Smyrne, malgré le côté archéologique représenté par les ruines des remparts de la citadelle coiffant le Mont Pagus, que domine la ville et la rade de plus de trois cent cinquante mètres, ne devait être pour nous qu'un point de départ d'intéressantes excursions dans l'intérieur du pays ; des villes comme Magnésie, avec ses petits bazars, ses mosquées gracieuses, groupées dans un joli cadre ; Ayasoulouk, l'antichambre d'Ephèse ; plus loin Aïdin, puis Gonjeli et Denizli, dans le voisinage desquelles subsistent des traces imposantes de l'époque romaine, devaient toutes recevoir successivement notre visite.

Il est vrai que le chemin de fer allait nous offrir uu moyen de transport, peu pittoresque et par trop moderne pour ces contrées peut-être, mais beaucoup plus pratique que ceux usités jadis. Et puis nous devions encore avoir recours à des bêtes de somme pour nous porter en ces différentes promenades toujours favorisées par un beau temps impeccable qui ne se dédit pas une seule fois durant tout le mois que dura le voyage.

Procédons par ordre.

Le premier point d'arrêt, après être sorti de Smyrne par le quartier dit : le point des caravanes, et avoir dépassé la sinueuse et étroite vallée où coule le Mélòze et que franchit par deux fois un aqueduc aux originales arcades suporposées, est la station d'Ayasoulouk, en face de laquelle se trouve un modeste hôtel. Des arcs rompus se profilant au loin indiquent l'œuvre des Romains en ce lieu où s'élève aujourd'hui un simple village.

C'était en ce lieu que, à travers les siècles, des villes succédaient aux villes, la première remontant à l'installation des Cariens, environ quatorze cents ans avant l'ère chrétienne. Topographiquement il est deux groupes de ruines : le premier, comporte, s'étageant, une porte dite de la Persécution, encore décorée de frises au delà de laquelle se dresse, fièrement campée, une citadelle aux tours crênelées. Du haut d·s remparts la vue s'étend superbe sur la vallée du Caïstre, à peu près comblée aujourd'hui par les alluvions du fleuve. En bas, une mosquée ruinée, dite de Selim, qui daterait du quatorzième siècle, et fut basilique à son heure, montre encore de belles colonnes arrachées aux édifices antérieurs. De loin, avec son minaret décapité, elle a un aspect des plus prosaïques.

Elle aurait pourtant emprunté des matériaux à un beau monument dont il ne reste que de glorieux débris enfouis dans la verdure, le temple d'Arthémis, de son temps une des sept merveilles du monde, dit aussi temple de Diane, qui aurait été brûlé par Hérostrate dans la nuit où naquit Alexandre-le-Grand et aurait été réédifié plus vaste et terminé seulement au IVe siècle. A l'antique ville on avait succédé une autre, vers le IIIe siècle, œuvre du roi de Thrace, Lysimaque, qui l'appela Arsinoé, du nom de sa femme et en son honneur. Le deuxième groupe de ruines éphésiennes est plus considérable et garnit le pourtour du Mont Pion pour se prolonger du côté de la mer jusqu'à une sorte de tour forte dite la « Prison de Saint-Paul », car Ephèse comme Smyrne compte parmi les sept églises de l'Apocalypse. Le vaillant apôtre vint y prêcher ; la divine mère du Christ, et sainte Madeleine y auraient accompagné saint Jean.

Dans cette intéressante visite autour de la colline qui porte encore des traces de remparts, ce sont d'abord des indications très visibles de quais, qui frappent le voyageur. Là était le port grec recouvert de plusieurs mètres d'alluvions ; à côté, de vastes voûtes devaient être des sortes de docks et entrepôts. Plus loin, une arcade, dite porte de Lysimaque, se dresse encore. Non loin, l'ellipse d'un stade de près de deux cent cinquante mètres de longueur est également très visible. Mais la ruine, belle entre toutes, est le théâtre gréco-romain, appuyé à la colline, avec ses multiples gradins sur lesquels pouvaient s'asseoir plus de vingt mille spectateurs. La scène et ses accessoires, encore très reconnaissables, tout de marbre blanc, s'étendaient sur cent cinquante mètres de longueur. Admirablement situé, ce théâtre regardait la mer au lointain, au delà du port auquel le Caïstre donnait accès. En avant était l'Agora et une avenue conduisait au Gymnase et aux Bains. Il y a là un amoncellement de colonnes, de chapiteaux, de débris de toutes espèces, dans lesquels on a cherché à mettre un peu d'ordre.

Les fouilles se poursuivent, du reste, grâce à des Autrichiens dont le gouvernement s'est rendu acquéreur de plus de 300,000 mètres de terrain. Il existe encore, en effet, des traces de nombre d'édifices plus ou moins importants et auxquels on a cherché à donner des noms, parfois plus ou moins appropriés à leur destination douteuse. Ils sont désignés : églises, basiliques, temples, gymnases ; peu importe au surplus. Un petit théâtre est appelé Odéon, et non loin une croix sculptée sur pierre figurerait le tombeau de saint Luc. Enfin il est encore une construction percée d'arcades, aux murs cyclopéens, dite porte de Magnésie. J'espère quoique succintement en avoir assez dit pour faire deviner tout l'intérêt éveillé par une promenade en un tel lieu.

Poursuivant la route ferrée, qui compte soixante-dix-sept kilomètres à Ephèse, nous passions dans la vallée du Méandre aux innombrables sinuosités. Il nous fallait renoncer à voir les centres archéologiques de Sokhia, de Priène, de Didymes et de Milet, fouillés par les Allemands ou les Français, mais d'un accès difficile, et nous rejeter sur Tralles, Laodicée, Hierapolis, qui devaient amplement nous dédommager.

Franchissant une région boisée et accidentée, le chemin de fer prend donc la vallée du Méandre, qu'il remonte pendant une centaine de kilomètres. On est d'abord pendant des lieues au milieu de véritables forêts de figuiers, la richesse du pays. Cela rappelle un peu nos vastes étendues d'oliviers aux interminables rangées ou mieux les fameuses huertas indéfinies d'orangers du sud de l'Espagne. Aux gares, où nous étions l'objet de la curiosité des habitants, on vendait à bon compte du raisin et des pastèques.

Nous nous arrêtions dans la pittoresque petite cité d'Aïdin, circulant par les rues tortueuses pour aller visiter le plateau où quelques ruines romaines semblent se cacher derrière de vieux oliviers. Le vestige le plus important de ce qui fut Tralles, ravagé par l'invasion sarrazine comme toute cette région d'Asie Mineure, sont les trois arcades encore debout d'une façade d'édifice (de thermes probablement). Le chœur d'une église a été mis à jour ainsi que d'autres fragments de constructions où ont été retrouvés divers objets d'art, envoyés à Constantinople.

Le terminus de notre excursion dans l'intérieur allait être atteint le lendemain à Denizli, une modeste bourgade située au pied du Baba Dagh, belles montagnes de plus de deux mille mètres d'altitude.

La nuit passée, nuit froide contrastant avec la chaleur du jour, nous allions avoir une journée bien remplie par la visite double de deux emplacements de cités disparues, mais dont les vestiges, échappés aux déprédations de la nature et à l'œuvre dévastatrice des invasions prouvent encore la place qu'elles tenaient jadis, à la grande époque de la puissance romaine, dans ce lieu aujourd'hui désert où règne le silence de la mort. Et ce fût sous un soleil resplendissant que nous parcourûmes ces champs de pierre cherchant à leur arracher leurs secrets, tandis que pour nous protéger, paraît-il, des cavaliers turcs nous escortaient...

Ces deux villes de Laodicée et Hiérapolis s'élevaient en face l'une de l'autre, dominant la belle vallée du Lykos, un affluent du Méandre. De la première surtout, il reste au résumé peu de choses. Le fragment de construction le plus important est le Gymnase avec ses quelques arcades encore debout et ses amoncellements de pierres cyclopéennes ; c'est encore l'acropole, puis des fragments épars qui se détachent sur les montagnes lointaines en plus ou moins étranges silhouettes. Deux théâtres, dont un vaste regardant la vallée, sont encore bien visibles avec leurs gradins, mieux conservés dans le plus petit. La ville aurait été construite sous Adrien, détruite par un tremblement de terre, puis reconstruite par Tibère, aidé de quelques généreux habitants, édificateurs de temples.

Un déjeuner pittoresque au long de la voie ferrée nous donnait un appréciable repos avant la visite d'Hiérapolis dont les ruines se percevaient au-delà d'une verte plaine qu'il nous fallait traverser à l'heure la plus chaude, franchissant ruisseaux et marais. On s'égrenait un peu le long du chemin suivant l'ardeur de sa monture et les piétons n'étaient cependant pas tous des derniers. Au fur et mesure que nous nous rapprochions de la montagne le spectacle grandissait, les cascades pétrifiées en stalactites et stalagmites se dessinaient plus nettement, et bientôt saisissant dans son ensemble cette fantaisie merveilleuse de la nature, œuvre de siècles succèdant aux siècles, nos yeux pouvaient en saisir les bizarres détails. On dirait d'une immense cascade aux gigantesques proportions (près de cent mètres de hauteur sur des centaines de longueur) qui aurait été subitement immobilisée par quelque coup de baguette magique, évoquant l'aspect, avec des variantes, des chutes du Niagara saisies par la gelée.

Et c'est la propriété calcaire des eaux qui a accumulé ces fantaisies, marches colossales aux détours capricieux, sur certains points vasques plus ou moins régulières, se superposant en coupes aux pieds multiples. Par endroits il semble que la cascade ait été simplement saisie en son élan. Il est du reste encore des chutes d'eau véritable qui se confondent avec celles solidifiées. A l'imprévu merveilleux des formes il convient d'ajouter le charme des couleurs, et ces dernières sont des plus variées, du blanc laiteux tournant au jaune soufré, puis s'imprégnant de bleu pâle, de rose, de vert, se violaçant plus sombres parfois et accusant les formes des contours par des bleus noirs, qu'avec la palette on voudrait rendre, si toutefois le pinceau aussi bien que la plume avait la prétention de vouloir donner l'illusion d'un pareil décor. Ce qui ajoute encore à la saisissante majesté du spectacle c'est le silence qui règne en ces lieux où l'on devrait être abasourdi par le fracas terrible d'une telle chute.

Et au-dessus de tout ce soubassement unique dans le monde s'étageait une ville importante d'où la vue s'étendait immense sur la vallée et son encadrement de montagnes, un des plus beaux coups d'œil qu'il m'a été donné de voir pour ma part après plus de dix années de promenades autour de notre globe, lequel se réduit singulièrement quand on a tourné autour... Semblant prête à s'écrouler dans la cataracte, une suite de murailles étage encore ses pierres arrosées par un tiède ruisselet. Un peu en retrait de l'abîme s'allonge toute calcinée la façade des Thermes avec ses importantes voussures, ses salles, et rappelant par leur ampleur ceux de Caracalla à Rome. Derrière, une manière de forum, des portiques aux aux pilastres carrés, des restes de temples. Appuyé à la colline, le théâtre est assez bien conservé. Au dessus est une nécropole.

Dans certains débris on veut retrouver des temples, des palais, etc...; mais la nature en ce lieu en impose plus que l'œuvre humaine. Il est aussi un joli coin, le petit bain où surgit la source. Puis ce sont encore des fragments de basiliques, d'églises, bien reconnaissables. Il faudrait des heures, pour ne pas dire des jours, pour examiner à l'aise ces vestiges des temps passés, et malheureusement quelques trop fugitifs quarts d'heure nous étaient accordés; aussi, personnellement, est-ce à regret qu'il m'a fallu redescendre dans la plaine et regagner le train qui devait nous ramener à la côte, à Smyrne, avec un nouvel arrêt à l'heure du dîner, à Aïdin, qu'il nous fallait reparcourir au sein d'une population accueillante. Certains étaient heureux de nous saluer en notre langue, dont l'usage est plus répandu qu'on pourrait le croire, grâce à la présence en Asie Mineure de nos dévoués religieux et religieuses qui apprennent aux enfants, non seulement le français, mais à vénérer le nom seul de la France.

*
* *

De Smyrne, *Ile de France*, remontant vers le nord, allait mouiller devant le petit port de Dikéli, d'où, après avoir débarqué nombre de ses passagers, le bateau gagnait la grande ile de Metelin, l'ancienne Mytilène, l'antique Lesbos, où une excursion de quelques heures permettait d'admirer la beauté et la richesse d'une fertile campagne. La vieille enceinte fortifiée escaladant les hauteurs prouve encore de l'importance de la position à l'époque où le lion ailé de saint Marc se montrait triomphant à travers le monde d'alors, proclamaut la puissance de la lacustre cité des Doges. Tout récemment encore, des événements qui sollicitaient l'attention de l'Europe, tiraient ce pays de l'oubli où il semblait plongé.

Mais nous avons laissé sur le modeste quai de Dikeli de nombreux touristes…

Des voitures du pays les attendaient, sortes de prolonges, hautes sur roues à toiture arrondie, et dans lesquelles il faut se tenir accroupi ou couché après s'y être hissé par les côtés. Il fallait faire ainsi près d'une trentaine de kilomètres dans des positions auxquelles nous n'étions pas accoutumés, et par une route qui laisse fortement à désirer; aussi personne, je crois, ne fut fâché d'arriver à destination.

De loin Berghama (la cité antique de Pergame) se révéla à nous par la haute colline qui la domine portant les ruines célèbres qui nous attiraient. En se rapprochant, la ville elle-même se

montra de loin au travers des sombres
rangées de cyprès des cimetières.
Même spectacle pittoresque que celui des
autres villes turques déjà vues nous
attendait : bazars, rues étroites et ani-
mées, cours originales de caravansérails,
et mille coins bien tentants pour des
amateurs photographes nous auraient
retenus si nous n'avions été poussés par
la brièveté de la visite. Le déjeuner
avalé, il nous fallait, sous une aimable
conduite des savants occupés aux fouilles,
grimper à l'Acropole sous un soleil un
peu trop caressant peut-être. L'ascension
se poursuivit après un premier arrêt
à d'importantes ruines, et on se débanda
pour la visite du plateau qui se dresse à
près de deux cent cinquante mètres au-
dessus de la ville. On trouve d'abord un
mur d'enceinte d'époque byzantine et
musulmane, mais dont l'origine pourrait
bien être grecque et remonter à trois siècles avant Jésus-Christ, s'il faut en croire
certains savants. Elle est toujours
romaine à coup sûr. A ce sujet j'ajouterai que, ne me reconnaissant pas la com-
pétence nécessaire, les chiffres que je
donne sont autant que possible empruntés
à de bons auteurs, de même que les
affections attribuées aux monuments,
en général.

O'est au sommet de l'Acropole perga-

mesque que sont groupés les édifices célèbres, comme des temples, dont le
temple d'Athéna Polias, l'autel de Zeus
Soter, jadis revêtu des hauts-reliefs de sa
Gigantomachie, une bibliothèque pré-
cieuse par ses manuscrits et rivale de
celle d'Alexandrie: des palais dont celui
d'Attale, le vainqueur des Galates; des
citernes, etc., et surtout le grand théâtre,
au pied duquel s'étend, long de deux cent
cinquante mètres, un promenoir, dont il
ne reste que le sol et les assises des colonnes, mais qui en impose par son site
grandiose. A son extrémité nord sont les
gracieux vestiges d'un petit temple. Par
un plan original, ces divers édifices semblant de loin se superposer à cause de
l'inclinaison du sol, étaient disposés
comme en éventail autour du théâtre,
vaste et à pans au lieu d'être en hémicycle arrondi, et dont près de quatre-
vingt gradins sont encore bien visibles.

Malheureusement, il faut bien le dire,
ce ne sont qu'amoncellements de ruines
plus ou moins importantes et compréhen-
sibles, sur ce plateau d'où la vue s'étend
superbe de tous côtés, le regard fouillant
les vallées et les yeux se perdant dans
l'horizon lointain où au delà de la mer
se profile Mitylène. A l'heure du couchant surtout le spectacle est vraiment
beau et c'est pour en jouir que les an-

ciens, passés maîtres, avaient orienté
leur théâtre... Du grand autel (je passe
le jeu de mots trop facile) il ne subsiste
que des soubassements aux matériaux
sans couleur, c'est là du reste une cause
faite pour diminuer l'intérêt, pour beaucoup, de ces ruines ; elles sont froides
d'aspect. Les fameux bas-reliefs sont au
musée de Berlin. On peut voir encore cependant, par ci, par là, quelques débris
de colonnes, de chapiteaux, et même de
statues, mais c'est que ces morceaux ont
été jugés indignes d'être transportés,
sans doute. Peut-être là aussi quelque
tremblement de terre a-t-il aidé à l'œuvre de destruction, que nous parachevons
parfois, n'en déplaise à ceux qui, sous
prétexte de fouilles, dévalisent ces vété-
rans de pierre. On ne trouve pour ainsi
dire plus trace de matériaux riches ; ils
ont dû être plus ou moins utilisés. C'est
du reste ce qui s'est passé de tous temps.
D'autres ruines sont également visibles,
comme des fragment d'un aqueduc qui
amenait l'eau de cent quatre-vingt kilomètres...

*
* *

Le soir nous étions de retour à notre
hôtel flottant, qui, nocturnement, allait
nous transporter à la célèbre presqu'île
du mont Athos, dont le point culminant,

haut de près de deux mille mètres, nous apparaissait dans les brumes rosées du matin.

Sans faire l'historique de ce coin si particulier du territoire turc, il me semble intéressant de rappeler que les moines y sont établis depuis bientôt quinze siècles, et qu'ils en ont été reconnus propriétaires par les Turcs envahisseurs sous le sultan Mourad, désarmé devant l'accueil qui lui fut fait. Néanmoins, ils paient une redevance annuelle à la Sublime Porte, qui les protège et exerce la police, ainsi que nous avons pu nous en convaincre. Ils jouissent des revenus de la terre et de leurs domaines de Bulgarie et de Russie, paraît-il. Cette armée de moines, de religion grecque, jadis se chiffrant par plus de dix mille, serait réduite au nombre, encore respectable, de six mille.

Ils se répartissent en vingt couvents, dont dix-huit grecs, un absolument russe et deux bulgo-serbes, figurant trois cents prieurés, sans parler des nombreux ermitages disséminés dans la montagne. Ils s'administrent et vivent en une sorte de communisme théocratique, mais chaque couvent envoie pour les affaires générales un délégué à Caryès, au centre de la presqu'île. Non seulement aux femmes est formellement interdit l'accès de la presqu'île, mais

aucune femelle animale ne doit y péné-
trer. Seulement, ainsi que nous l'avons
vu, les moines viennent au besoin à bord
des rares bateaux visiteurs et les femmes
ne semblent pas les effaroucher ! C'est de
la sorte que nous avons reçu quelques-
uns d'entre eux venus pour nous vendre
des images et de menus objets fabriqués
par eux, probablement.

Quant aux couvents, placés dans des
sites pittoresques en général, ils sont parfois simplement au bord de la mer à
proximité de quelque plage ou au fond
de quelque baie, ou placés sur quelque
plateau, ou mieux accrochés aux flancs
de la montagne, ou mieux encore perchés
sur quelque roche comme des nids d'ai-
gle, à moins qu'ils ne soient blottis dans
quelque repli de terrain, au fond de quelque sombre vallon. Nous ne pouvions naturellement songer à visiter tous ces couvents et quelques-uns situés sur différents
points de la côte allaient nous en donner
une idée générale.

Tout d'abord, l'aspect de la presqu'île
Athos n'est pas le même sur les deux fa-
ces, en ce sens qu'en retrait de la haute
pyramide du mont qui se dresse impo-
sante, la terre se prolonge également montagneuse, mais gaie et verdoyante à l'Est
tandis qu'elle est âpre et plutôt triste à
l'Ouest. C'est par cette face que nous de-

vions commencer notre tour d'inspection pour aller visiter le plus grand de ces établissements, celui de Russicon ou Saint-Pantaléïmon (Saint-Pantaléon), couvent russe récemment reconstruit.

Il est peuplé de cinq cents à six cents moines, sans compter le personnel, et constitue comme une petite cité fermée de plus d'un millier d'habitants. Extérieurement il apparaît un peu comme une bizarre station balnéaire avec ses grands bâtiments percés de fenêtres et garnis de balcons extérieurs souvent agrémentés de plantes grimpantes. Des dômes fantaisistes, des coupoles dorées, se superposent un peu en décoration de casino. Mais l'aspect change quand on circule au milieu de ces cours ; ces bâtiments sont des chapelles aux murs dorés, plutôt clinquants, avec des sanctuaires trop riches, des images de saints ornementées, (certains trésors renferment des objets du culte de grand prix). D'autres constructions sont affectées à divers usages, réfectoires, logements, salles de réception, et les cellules sont loin d'être inconfortables, quoique sans luxe naturellement. Et pendant notre visite, j'allais dire invasion, un va-et-vient extraordinaire régna dans le couvent, les cloches de sonner à toute volée, et les bons moines de se démener pour nous offrir vin blanc, thé, gâteaux, confitures, et jusqu'à des icônes et des images, modestes mais précieux souvenirs pour la plupart de ces fugitifs visiteurs.

Au moment du débarquement, un agent turc trop zélé avait voulu exiger nos passeports, qu'on ne nous avait demandés nulle part. Il fut vite débordé et se retira précipitamment, comprenant un peu tard son zèle intempestif.

Non loin de Russicon s'élève le couvent de Simopetra, plus pittoresquement situé un peu au-dessus de la mer.

Passant sur la face Est, c'était d'abord la Lavra, perchée sur un tertre au milieu d'une verdoyante campagne, qui attirait nos regards. Malheureusement la mer houleuse rendait le débarquement un peu dangereux, aussi, par mesure de prudence, notre commandant s'y opposa-t-il. Ainsi situés, certains de ces couvents aux murs à pic plus ou moins percés d'ouvertures ont quelque peu l'aspect de forteresses. Les nommer tous n'offrirait aucun intérêt; celui de Dionysios est des plus faciles d'accès, comme le doyen de tous, le couvent de Vatopédi, placé au fond d'une baie ouverte dans laquelle notre bateau mouillait vers la fin du jour.

Ce dernier couvent, qui passe pour très-riche en souvenirs et documents, aurait été fondé par Constantin à la

suite de sa conversion. Il aurait été pillé
par Julien l'Apostat au cinquième siècle,
puis réédifié par Théodose le Grand pour
être encore dévasté par les Sarrazins, et,
comme on voit, encore reconstruit. Situé
à quelques mètres au-dessus d'un bout de
plage, il offre une suite de murs à pic, do-
minés par quelques clochers ou cloche-
tons flanquant des dômes de petites di-
mensions. Son entrée est sur le côté et
consiste en un double porche, au delà duquel s'étend une vaste cour irrégulière,
encadrée de bâtiments peints de diverses
couleurs ; un clocher isolé semble un pi-
geonnier. Annexé à cette cour ou plutôt
en faisant partie, est une petite planta-
tion d'orangers, sur laquelle ouvre la
chapelle principale ornée richement de
fresques anciennes de mosaïques et de
décorations un peu rutilantes et renfer-
mant en son trésor de riches reliquaires.
Un beau lustre la décore. Ses portes exté-
rieures sont aussi à noter. En face est le
réfectoire, des plus curieux, avec ses ta-
bles de marbre, d'aspect plutôt macabre,
sortes de dalles rectangulaires arrondies.
Le couvert avec ses brocs de métal n'é-
tait pas moins original et tout semblait
témoigner de la frugalité des repas.

La bibliothèque contient de riches et
précieux manuscrits sur papyrus ou par-
chemins, dont un du XIII⁰ siècle en parti-

culier, et une géographie de Ptolémée ; mais je ne saurais insister davantage en une nomenclature fastidieuse. De petites fontaines murmurantes donnent aussi une note particulière à cet asile de paix, de repos et de prière, car les moines disent leurs offices de nuit comme de jour. Une collation nous attendait là aussi additionnée de cigarettes...

Mais le soleil avait disparu derrière la montagne que les ombres envahissaient peu à peu et il fallut regagner le bord, chacun emportant le souvenir de cette intéressante et trop courte journée.

Bientôt quelques lueurs discrètes révélaient seules l'existence du couvent tandis que notre *Ile-de-France* brillamment éclairée gagnait la haute mer se dirigeant vers le détroit des Dardanelles.

Retraversant dans sa partie nord la mer Egée, nous gagnions ce long et étroit corridor des Dardanelles par lequel se glisse la mer détachant en cette partie l'Europe de l'Asie ; nous avions laissé derrière les îles de Lemnos, où se trouvaient, s'il faut en croire les légendes anciennes, les Forges de Vulcain (il n'en reste plus trace, paraît-il !), et de Ténédos, une terre également célèbre dans l'antiquité.

A l'entrée droite du canal naturel est Koum-Kalé et un peu plus loin la ville des Dardanelles, une cité de près de vingt mille âmes, dont le consul français, un aimable compatriote, était venu à notre rencontre pour nous accompagner aux ruines de Troie. Distant de quelques kilomètres du rivage, le site reconnu pour être l'emplacement de la cité chantée par Homère se nomme Issarlik. Longtemps contestée, la place occupée par Troie, jadis supposée à Bonnar Bachi, semble avoir aujourd'hui réuni presque tous les suffrages du monde savant, grâce surtout aux fouilles suivies de l'Allemand Schliemann, qui s'attacha à ces découvertes, comme l'on sait. C'est au-delà d'une plaine semée de quelques arbres que se dressent encore sur un tertre les débris, on pourrait presque dire informes, de ce qui fût l'Ilios d'Homère. Ils s'élèvent à une modeste altitude d'environ vingt-cinq mètres, et les fouilles ont été pratiquées à des profondeurs qui descendent presque à une quinzaine de mètres.

Il y aurait, s'il faut en croire certains érudits, jusqu'à neuf couches de civilisation superposées, dont plusieurs antérieures à Homère. L'identification, d'après les matériaux, entre l'époque homérique et l'époque romaine semble fort admissible. La description détaillée de ces traces de murs, de ces amoncellements de pierres, n'est guère à faire et ne prouverait rien. Il reste cependant un petit hémicycle, bien modeste agora, dit « salle du conseil municipal ». Quant, excusez, lecteur, à l'écurie du fameux cheval dont parle l'histoire, elle semble n'avoir jamais existé!! A noter pour mémoire quelques amphores, magasins d'approvisionnement. Pour corser le souvenir, nous déjeunions sur place, entourés de nos âniers et de marchands désireux de placer quelques menus objets sans intérêt et d'une provenance fort douteuse pour ce qui était des antiquités...

L'excursion terminée, nous passions devant Tchanak-Kalesi, avec son quai aux maisons de couleurs. Les formalités sanitaires ne nous obligeaient qu'à un court arrêt et nous voyions après défiler sous nos yeux les deux rives. A côté de vieux travaux de défense comme les vieilles forteresses aux murs crénelés, il est des batteries modernes qui prouvent que le gouvernement ottoman songe à se défendre le cas échéant, inspiré probablement par l'Allemagne. Nous croisions au soir une escadre turque mouillée dans le détroit, et naviguant de nuit dans la mer de Marmara, notre bateau s'arrêtait au matin devant le petit port de Moudania où un train nous montait à Brousse au travers d'une contrée riante et cultivée.

Située à environ trois cents mètres d'altitude, Brousse, une ville commerçante de plus de 90,000 âmes, s'accroche en quelque sorte au socle qui porte le célèbre mont Olympe de Bithynie dont la longue croupe s'élève au point culminant jusqu'à 2,350 mètres. Il faut, paraît-il, environ six heures pour y monter. Nous n'avions pas le temps de faire l'ascension, inutile d'ajouter, ne disposant que de quelques heures.

Bien que Brousse rentre dans les itinéraires des grands touristes, on me permettra de rappeler sommairement les charmes pittoresques et artistiques de cette ville justement réputée.

Ville fort ancienne, d'après les vestiges des remparts byzantins de Lascaris, elle fut au seizième siècle la capitale de l'empire ottoman. Mais ce qui fait sa prospérité présente c'est son commerce et son industrie, consistant surtout en filatures de soie auxquelles sont employés des milliers d'ouvriers.

L'aspect de la campagne est des plus riants comme celui de la ville elle-même, presque noyée dans la verdure par endroits. Elle est, de plus, extraordinairement animée et ses bazars sont très intéressants à parcourir tant par leur cachet que par les objets qu'on y trouve. Bien de nos compagnons devaient y alléger leur porte-monnaie et même leur portefeuille. La partie ancienne présente un aspect pittoresque qui malheureusement se perd ; mais les rues mal pavées, au-dessus desquelles des toiles sont tendues ou que franchissent de gracieuses treilles de vignes, garderont encore longtemps leur caractère, il faut l'espérer pour la plus grande joie des voyageurs.

Ce qui ajoute au pittoresque ce sont ces constructions à balcons avec des encorbellements tels que, dans certaines ruelles, les maisons semblent s'appuyer les unes sur les autres, maisons branlantes, souvent au crépissage disparu par plaques, aux couleurs passées, bien tentantes pour des palettes d'artistes... Mais on n'en finirait pas, et je suis obligé de me résumer sans m'arrêter plus longuement à dépeindre ces échoppes où travaille une foule de petits artisans, ces petits restaurants ou cafés, à la porte desquels sont accroupis dans une demi somnolence des clients fumant le nargileh.

De distance en distance, des postes de police veillaient au bon ordre qui semble régner, du reste, dans ce milieu où se coudoient Musulmans, Grecs, Arméniens et autres encore.

La ville est coupée par une gorge boisée au fond de laquelle coule un torrent plus ou moins abondant, mais parfois dévastateur. Deux ponts la franchissent pittoresquement.

Mais Brousse n'est pas seulement réputée pour le charme de son paysage, et le reste, comme on vient de le voir ; la cité renferme des spécimens d'architecture non sans valeur et dont certains sont notamment connus. Telle est d'abord la fameuse mosquée verte (élevée par Mahomet Ier en 1420), avec ses cinq coupoles, toute décorée à l'intérieur et précédée d'une fontaine aux ablutions sur une cour terrasse, d'où l'on jouit d'une belle vue ; à deux pas est le turbé (tombeau) si justement réputé par ses belles faïences persanes bleutées. Au delà s'élèvent, dans de gracieux encadrement de verdure diverses autres mosquées non sans intérêt. Dans la citadelle à demi ruinée, se dressent les deux tombeaux d'Osman et d'Orkhan avec les sarcophages coiffés en tête du turban, suivant l'usage. Ce sont des tombeaux de famille.

De la terrasse-jardin qui les précède, on découvre un vaste panorama. Vers une des extrémités de la ville s'élève en une enceinte un groupe de turbés d'importance et d'intérêt divers (ceux dits de Mourradieh); on peut citer parmi eux, les tombeaux de Mourad Ier et de Mourad II et celui de Moustafa; certains renferment de fort jolies faïences persanes. En ville, il est encore la grande mosquée avec ses 19 coupoles et ses deux minarets. Elle contient un beau mirab (l'autel des mosquées). A côté est la médressé (école).

A quelque distance de la ville sont des bains de l'époque romaine aux belles piscines où il me souvient avoir antérieurement éprouvé l'étrange sensation que j'allais passer à l'état de homard cuit tant les eaux étaient chaudes.

Je passerai sous silence certain déjeuner agréablement servi sous les ombrages du rustique Jardin Public, distant de quelques kilomètres de la ville elle-même.

Il nous restait Constantinople, le Bosphore, la Corne d'Or, qui n'étaient pas des moindres attractions de notre itinéraire de voyage, et plus d'un touriste aspirait après la vue de ces sites tant vantés qu'il m'avait déjà été donné de contempler.

Grâce aux dispositions prises par le commandant nous devions jouir du spectacle dans toute sa splendeur, car, naviguant de nuit sur ce lac turc qu'est la mer de Marmara, nous voyions au lever du jour s'estomper vaguement les îles des Princes, séjour très apprécié des gens de Constantinople, et bientôt après apparaissait dans les brumes rosées du matin la célèbre capitale.

Au-dessus des vieilles murailles flanquées de tours, dont les pieds baignent dans l'eau, se silhouettaient des masses confuses lesquelles émergeaient dômes, coupoles, minarets aux pointes d'aiguille. C'étaient Sainte Sophie, la mosquée voisine du sultan Ahmed, pour ne citer que les plus distinctes, la haute tour du Séraskiérat, etc. Le spectacle est bien fait pour arracher des cris d'admiration...

Lentement le voile de gaze se déchirait et les détails apparaissaient distincts : le soleil resplendissait dans tout son éclat quand nous démasquions la pointe du Sérail laissant à droite Scutari à l'entrée du Bosphore, cette admirable rivière salée dont on connaît les charmes pittoresques. Saluant la ville qui se montrait toute entière, nous rangions une série de bateaux mouillés sur rade pour poursuivre notre route jusqu'à la mer Noire.

Qu'on me permette de dérouler rapidement le panorama classique de ces rives célèbres. A la suite de Péra et Galata, auxquels nous reviendrons, les faubourgs s'allongent, et des centres habités leur font suite presque sans discontinuité ; palais, villas, dans l'encadrement de parcs ou de simples jardins se soudent pour ainsi dire les uns aux autres. En face il en est à peu près de même, mais la rive asiatique est moins habitée. A un

coude se dresse la masse crénelée de Rou-
méli-Hissar avec ses tours superposées ;
en face ce sont les « Eaux d'Asie » but de
promenade favorite. Plus loin, Thérapia
est le site préféré par le corps diploma-
tique, et les ambassades y sont installées
plus ou moins somptueusement (la de-
meure du représentant de la France pa-
raît vaste et flanquée d'un beau parc.)
Encore quelque ruine de château, des
rives moins peuplées, et le Bosphore s'ouvre sur la Mer Noire. Des batteries en
défendent l'entrée, travaux militaires
récents, il semble, pour certains du moins.
Puis revenant en arrière Ile-de-France
allait mouiller en face de la douane, à l'entrée de la Corne d'Or.

Le poste de mouillage ne valait pas
l'accostage à quai pour la commodité des
voyageurs, mais par sa position il nous
réservait un beau coup d'œil sur l'ensemble de la ville, laquelle passait par toutes
les couleurs suivant les heures, s'estom-
pant délicieusement le matin, éclatant
sous la vibration du plein soleil et se mo-
delant le soir en tons fondus pour n'être
plus qu'une silhouette dont les aspérités
échancraient bizarrement le ciel. Quels
admirables couchers de soleils que rien
ne saurait traduire. Il n'est pas jusqu'à la
nuit qui n'ait pour nous composé un décor à l'heure du crépuscule alors que la

ville, masse sombre, s'éclairait de mille feux. Sous la lueur de la lune, c'étaient encore d'autres aspects poétiquement reposants surtout quand elle lamait la mer placide de ses reflets d'argent... Heures délicieuses où l'on se laissait aller à la rêverie... Mais je m'oublie, il me semble...

Mon intention n'est pas de dépeindre Constantinople. On a déjà beaucoup écrit sur la capitale des sultans ; des plumes plus autorisées que la mienne l'ont fait, et je renverrai aux auteurs célèbres les amateurs de belles phrases, de longues et plus ou moins fantaisistes descriptions. ou en quête de récits imagés, d'anecdotes humoristiques, voire même piquantes ; mais cependant je m'en voudrais de ne pas consacrer, moi aussi, à nouveau, quelques lignes relatant notre court passage.

Sans faire d'histoire ni de géographie, je rappellerai que Constantinople subit des vicissitudes diverses avant d'être rangée au nombre des grandes capitales du monde, et qu'elle est à cheval sur la Corne d'Or (Péra et Galata, les quartiers européens et modernes, s'étageant autour de la fameuse tour du haut de laquelle on embrasse la ville dans son ensemble, tandis que Stamboul s'allonge sur l'autre rive, depuis la pointe du Sérail jusqu'à Eyoub, le quartier pittoresque aux vastes cimetières).

Les mosquées sont célèbres, mais pour un certain nombre, ont une grande analogie entre elles ; la première est sans conteste Sainte-Sophie, cette basilique de Constantin devenue mosquée qui étonne par ses proportions et l'harmonie de ses lignes ; puis sa voisine, celle du sultan Ahmed, flanquée de sa demi-douzaine de minarets, et dont la coupole repose sur quatre énormes piliers. C'est encore celle de la sultane Validé, dont les coupoles dominent la tête du grand pont payant qui unit Stamboul à Péra ; puis la mosquée dite « Des Pigeons », et d'autres encore : Suleymanié, Rustem-Pacha, Soliman, etc., précédées de leur cour avec fontaine aux ablutions, cloître majestueux aux hautes arcades persanes. En un quartier reculé, il est encore la petite basilique-mosquée Kahrié, dont un tremblement de terre a malheureusement détruit la majeure partie des mosaïques au ton vieil or. Mais il n'est pas que les édifices religieux à voir, il est aussi des souvenirs antiques comme les obélisques et la colonne torse de fonte, la fameuse Sublime-Porte, non loin des musées qui renferment plus d'une curiosité archéologique, sarcopha ges aux belles sculptures comme ceux du Satrape et d'Alexandre le Grand, boî tes à momies, statues, statuettes, vases, poteries, verreries, et bijoux comme ceux trouvés à Troie... je n'en finirais pas. C'est assez dire l'intérêt qu'ils offrent.

Constantinople possède aussi des bazars très réputés dans le monde des voyageurs. Détruits en grande partie, il y a quelques années, par le tremblement de terre, ils ont été réédifiés, toujours sous forme de passages-galeries, voûtés décorés en bleu, mais n'ont plus le même cachet sauf en quelques coins. Ils se sont trop modernisés; ce qui n'empêche pas que l'on peut facilement y vider son porte-monnaie en achats des plus variés, mais parfois d'une authenticité fort contestable.

Certaines promenades sont classiques; comme le tour extérieur des vieux remparts avec le château des Sept Tours, la visite des cimetières d'Eyoub, d'où l'on jouit d'une vue merveilleuse sur la Corne d'Or, l'excursion aux Eaux douces d'Europe et d'Asie, la promenade à Scutari, etc., etc.; car je vois que je me transforme en guide.

Nous devions faire aussi la visite du

Trésor des sultans au vieux sérail, où l'on est ébloui par tant de richesses inutilisées (les pierres précieuses sont là entassées, au boisseau), et celle des Palais Impériaux, plus curieux que beaux avec leurs longues façades, leurs suites d'appartements, de salons, décorés souvent avec une profusion de luxe de mauvais aloi: en un certain il est des bains d'albâtre, décor des « Mille et une nuits ».

On a regretté de n'avoir pu assister à la cérémonie du Sélamlick, qui a lieu le vendredi ; le sultan se rend à la mosquée pour la prière, entouré de ses grands dignitaires...

Chacun s'en étant donné de courses souvent au clocher ; nul ne fût presque fâché quand sonna l'heure du départ...

**

Nous regagnions Marseille.

La mer comme le ciel se montrant clémente nous glissions sur la mer bleue, passant le long d'Eubée et glissant entre elle et sa voisine l'île Andros, laissant malheureusement les Cyclades à bâbord. Le temps pressait, paraît-il.

Pour aider à tuer les soirées on dansait, on chantait, et l'on jouait surtout ; un aimable compagnon, auteur improvisé, nous gratifia même d'une amusante et spirituelle saynète interprétée par d'autres compagnes et compagnons dans un décor brossé par certains de nos camarades artistes. Bref le temps passait.

De nuit nous doublions les pointes sud de la Grèce dépassant Cythère endormie et nous allions stopper à Zante, cette dernière des îles délicieuses qui s'égrènent à l'est de la mer Ionienne. Son port regarde la terre et s'infléchit sur une courbe gracieuse dans l'encadrement de collines et même de montagnes, dominé par une vieille forteresse d'où la vue s'étend sur une verdoyante campagne. L'île produit surtout du raisin.

Elle est peuplée de quarante à quarante-cinq mille habitants, dont quinze mille pour la ville elle-même; malheureusement, il semble qu'on soit peu en sécurité dans ce beau pays, que secoue parfois deux fois en un jour le travail volcanique souterrain. Sans parler de monuments, on nous avait signalé un soi-disant tableau du Titien que renfermait l'église catholique, dont le curé nous fit les honneurs. Il nous confia que malheureusement il n'aurait plus raison d'être, son troupeau spirituel se trouvant réduit à moins de deux cents ouailles, alors qu'il en comptait plus de quinze mille jadis.

Remettant le cap sur Marseille, la mer Ionienne était vite franchie et nous longions pendant des heures le sud de l'Italie, au littoral grandiosement accidenté.

Bientôt apparaissait, merveilleusement nimbée de rose sur l'ocre éblouissant du ciel, la colossale pyramide de l'Etna, spectacle inoubliable dont nous ne pouvions détacher nos regards.

Puis c'était le corridor tortueux de Messine que nous refranchissions. La nuit était venue, nous cachant les Lipari dont seul apparaissait le Stromboli avec ses lueurs volcaniques.

Bonifacio était atteint, dépassé...; mais la dernière partie de la traversée devait être plus agitée; le mistral soufflait retardant notre marche, si bien que la nuit était complète quand nous entrions dans le port de Marseille, où la dislocation commença de suite.

Et voilà comment s'accomplit une croisière dont, pour ma part, malgré certains accrocs, je garderai un excellent souvenir.

386